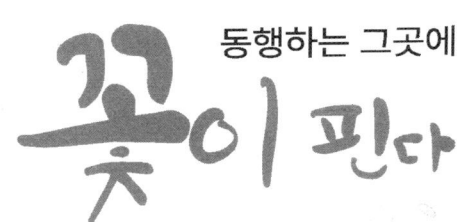

동행하는 그곳에
꽃이 핀다

| 흑진주 시인 | **장복순** 지음

… 동행하는 그곳에 꽃이 핀다 …

시인의 말

꿈 많던 산골 문학소녀였을 때부터
시를 썼고 2007년 참여문학에 등단하여
십 년 만인 2017년 첫 시집
《그리움 0516》을 출간했습니다.
단행본으로는 두 번째 시집
《동행하는 그곳에 꽃이 핀다》를 출간하니
감회가 새롭습니다.

아침이슬을 사랑하여
'이슬시인'이라는 닉네임이 생겼고
자연을 주제로 감성 시를 쓰고
남녀노소를 막론하고 쉽게 읽을 수 있는 시를
매일 빠짐없이 한편씩 쓰는 마음 부자 시인입니다.

누군가 저의 시를 읽고
진정 작은 위로가 된다면
그것이 시인의 소명이라 생각합니다.

그대 마음자리에 고운 시 한 편 담고 살아간다면
삶의 무게가 버거울지라도 지치지 않게
아름다운 꿈을 꿀 수 있도록
저의 시가 샘물 같은 희망이 되었으면 하는 바람입니다.

2024년 가을에

흑진주 시인 장복순

추 천 사

[황금연못으로의 초대]

장복순 작가를 보면 케서린 햅번의 황금연못이 떠오른다. 인생 후반기에 비로소 3번의 오스카상을 수여한 열정의 배우.

'인생은 행진곡 같은 것'이라고 말하며 두 눈을 반짝이는 중년의 배우. 장복순 작가는 신새벽 풀잎에 맺힌 이슬, 햇살 머금은 이슬 한 방울에 세상 시름을 모두 잊어버리고 소녀가 되는 시인이다.

시인은 살인 미소의 보조개를 가졌다. 그 보조개로 밝혀 주는 세상은, 진주처럼 빛나고 그녀가 손 내미는 손길은 위로가 된다.

한복과 붉은색 원피스가 잘 어울리는 작가는, 21세기의 난설헌이었을까. 그 깊은 고뇌 속에서 뿜어져 나오는 시를 보는 일은 즐겁다.

작가는 생활 밀착형 시인이다.
고된 삶의 무게를 시로 글로 봉사로 감당하는 살림꾼이 언제 시를 썼을까. 그녀의 삶이 시이고 글이라면 답이 될까.
이 가을, 당신이 가는 길에 꽃이 피었다면 필시 그곳에 장복순 시인이 활짝 웃고 있을 것이다.

『햇살은 그대 얼굴을 따스하게 비추고』 저자 김영돈

추 천 사

SNS상에서 감성시인으로 널리 알려진
흑진주 장복순 시인이 시집을 발간한다.
이번 시집에는 짧은 감성시는 물론
시를 읽은 독자들이 마음에 보약을 담을 수 있는
좋은 글이 담겨있다.
장복순 시인과는 2021년 강사교육진흥원
'윤보영 감성시 쓰기 교실'에서 처음 만났다.
당시 일상을 시상으로 잡아 감동을 주는 시로
확장 시키는 능력이 뛰어났다.
그렇게 배운 감성시!
시인은 이제 스스로 좋은 시를 적을 수 있는
멋진 시인으로 성장했고
또 적은 시는 캘리그라피 작가에게 제공되어
인스타그램 등 SNS를 통해 독자들을 만나고 있다.
감성시는 시를 쓰는 시인부터 먼저 행복해지고,

그 행복은 다시 시인의 가족과 이웃,
SNS 등을 통해 시를 만난 사람들을 행복하게 만든다.
지금까지 장복순 시인이 행복 나눔 역할을 해왔듯
앞으로도 더 좋은 시를 적어
아름다운 사회, 감동이 넘치는 행복한 사회를 만드는 데
큰 역할을 할 것으로 기대한다.
더불어 장복순 시인이 저처럼 감성시인으로
널리 알려질 수 있도록
늘 곁에서 함께 할 것을 약속드린다.

윤보영 감성시학교가 있는
경기도 광주 '이야기터휴'에서
커피시인 윤보영

추 천 사

어른이라는 말 속에는 나이 듦뿐만 아니라 이야깃거리를 지녀서 누구라도 친근하게 다가서도록 거리감이 없어야 한다는 뜻도 담겼다. 웃음과 열정으로 평생을 살아온 장복순 시인처럼.

꽃이 피었다 하니 꽃길 따라 장복순 시인과 동행하는 걸음에 나서볼까.

어성호글쓰기연구소

어성호 대표

차 례

시인의 말 … 3
추천사 … 5

봄 … 15

봄 … 17
속삭이는 봄! … 18
봄봄봄! … 19
콩깍지 3 … 20
정 … 21
봄 마중 … 22
꽃바람 … 23
영춘화 … 24
개나리꽃 … 25
진달래꽃 연가 … 26
설중매 … 27
누가 먼저일까? … 28
별수국 … 29
그러면 … 30
처녀치마 … 31
그대는 봄 2 … 32

꽃웃음 … 33
매화 2 … 34
물매화 … 35
봄까치꽃 … 36
꽃은 언제 핀당가? … 37
고마리 … 38
괭이밥 … 39
물망초 … 40
봄까치꽃 2 … 41
산수유꽃 … 42
꽃으로 피는 시간 … 43
꽃 2 … 44
노랑어리연꽃 … 45
할미꽃 … 46
아카시아꽃 … 47
(2021년 지하철 공모시 당선작)
나팔꽃 연가 … 48
여름 즈음에 … 49
꽃물 들다 … 50
초록의 응원 … 51
호랑나비의 꿈 … 52
등꽃 … 53

―――――― 동행하는 그곳에 꽃이 핀다

능소화 3 … 54
달맞이꽃 7 … 55
꽃이 아름다운 이유는? … 56
봄이 오면 … 57
꽃구경 … 58
봄 6 … 59
꽃과 나비 … 60
4월의 기도 … 61
살구꽃이 피었습니다 … 62
솔나리 … 63
봄꽃 향연 … 64
봄꽃의 향연 2 … 65
나의 봄 나의 사랑 … 66
꽃바람 … 67
늦봄이 쏟아지다 … 68
초롱꽃 … 69
족두리꽃 … 70
짚신나물꽃 … 71
비비추 꽃 … 72
도라지꽃 2 … 73
좀작살나무 꽃 … 74
자리공 열매 … 75
순비기꽃 … 76
그거 참 희한하네 … 77
민들레 9 … 78

민들레 홀씨 여행 5 … 79
민들레 연가 … 80
해바라기 연가 3 … 81
꽃보다 그대 … 82
당신도 그런 적 있나요? … 83
유홍초 … 84
모두가 그리움이더라 … 85
바야흐로 여름 … 86
해바라기 사랑 3 … 87
꽃비 2 … 88
여름 선물 … 89
매미들의 합창 … 90
행복배달 … 91
봄까치꽃 3 … 92

이슬 … 93

봄이슬 2 … 95
이슬의 언어 … 96
이슬 이름 … 97
이슬 예찬 … 98
이슬 부자 … 99
아침이슬 3 … 100
하늘 담은 이슬 … 101
이슬 안에 너 있다 … 102

이슬을 좋아하는 이유 ⋯ 103
연잎 이슬 ⋯ 104
새벽을 깨우는 이슬 ⋯ 105
동그란 이슬 ⋯ 106
얼음 이슬 ⋯ 107
희망사항 ⋯ 108
계요등 2 ⋯ 109
당개지치꽃 ⋯ 110
까마중 ⋯ 111
꽈리 ⋯ 112
참나리꽃 2 ⋯ 113
큰까치수염 꽃 ⋯ 114
새벽이슬 2 ⋯ 115

가을 ⋯ 117

들꽃처럼 웃으며 보내는 가을 ⋯ 119
가을은 참 예쁘다 2 ⋯ 120
때죽나무 꽃 ⋯ 121
뚱딴지 꽃 ⋯ 122
구절초 2 ⋯ 123
가을은 참 예쁘다 3 ⋯ 124
소꿉장난 ⋯ 125
소꿉장난 2 ⋯ 126
가을 향기 ⋯ 127

단풍 물들다 ⋯ 128
반딧불이 항상 빛나는 이유 ⋯ 129
내가 사랑하는 것들 ⋯ 130
몽돌의 노래 ⋯ 131
말의 꽃 ⋯ 132
무지개 사랑 ⋯ 133
연꽃처럼 ⋯ 134
쇠별꽃 ⋯ 135
국화꽃 사랑 ⋯ 136
10월의 마지막 밤에 ⋯ 137

사랑 ⋯ 139

사랑 ⋯ 141
또바기 사랑 ⋯ 142
널 사랑해 ⋯ 143
사랑이란? ⋯ 144
사랑한다면 ⋯ 145
우렁각시 ⋯ 146
그대라는 사람 2 ⋯ 147
귓속말 ⋯ 148
거울 2 ⋯ 149
그대 웃어요 ⋯ 150
풍경 2 ⋯ 151
그리움 ⋯ 152

동행하는 그곳에 꽃이 핀다

사랑해 … 153
난 니가 참 좋아 … 154
가슴앓이 … 155
사랑은 어디서 오는 걸까? … 156
그대 그리운 날엔 … 157
오늘 그리고 내일 … 158
아름다운 삶 … 159
장날, 엄마의 보따리 … 160
무지개 사랑 … 161
연꽃 … 162
말의 꽃 … 163
별똥별 … 164
별똥별 5 … 165
별똥별 7 … 166
북두칠성 … 167
별 헤는 밤에 … 168
낮에도 별은 뜬다 … 169
별밤 … 170
별 9 … 171
별이 가장 빛나는 순간은 … 172
별과 그리움 … 173
여명 3 … 174
달팽이 4 … 175
여백 2 … 176
제비꽃 5 … 177

백련 … 178
응원군의 노래 … 179
눈꽃 … 180
함박눈이 내리던 날 … 181
광주희망콜 … 182
가을 운동회 … 183
낮달 4 … 185
눈썹달 2 … 186
초승달 3 … 187
꿈꾸는 눈썹달 … 188
반달 … 189
달이 뜨면 … 190
달이 뜨면 2 … 191
무지개 사랑 … 192
야호! 쌍무지개 떴다 … 193
붉은 태양 … 194
도진아! 생일 축하해 … 195
도진아 사랑해 … 196
(어린이날 축복합니다)
네 편 … 197
단추 2 … 198
세상에서 가장 아름다운 사람은 … 199
힘을 주는 말 … 200
마음가짐 … 201
호주머니 … 202

커피에 취하다 … 203
생일 … 204
이런 사람이 되고 싶습니다 … 205
샤론의 장미여! … 207
동행을 부르는 이야기 … 208
아이와 어른의 차이점 … 209
희망사항 … 210
보조개 … 211
덩굴장미 … 212
아름다운 삶 … 213
엄마의 밥상 … 214
만월 … 216

그대라는 꽃 … 217
거미줄 밧줄 … 218
동백꽃 … 219
클로버 이야기 … 220
클로버 이야기 2 … 221
여섯 잎 클로버 … 222
꽃처럼 … 223
가을이 오면 … 224
넋두리 … 225
(어느 늙은 여인의 피맺힌 삶)

꽃피는 동행 … 227

동행하는 그곳에 꽃이 핀다

봄

봄

봄은
그대가 나에게 보내는
고급 선물이고

꽃은
내가 그대에게 보내는
특급 러브레터다

속삭이는 봄!

봄 안에서
활짝 꽃피우라고

해 아래서
맘껏 사랑하라고

별 아래서
꿈을 노래하라고

봄이 꽃처럼
속삭이는 봄!

봄봄봄!

시간의 여백에
그리움을 수놓았더니
따뜻한 봄이 찾아왔습니다

그대의 마음 뜰에
연둣빛 고운 봄이
핑크빛으로 물드는
설레는 봄 봄 봄입니다

콩깍지 3

예쁜 척하지 않아도 돼
내 눈엔 그대가
세상에서 제일 예뻐 보이니까

정

빈 가지 정을 사뤄
꽃바람 섶을 열면
살포시 마음 담아
받아 든 님의 술잔
그 잔에 취해 웃네

봄

봄 마중

꽃바람 불어
꽃바람 나면

소망의 씨앗 속에
그리운 봄꽃 피어나겠지요?

그래서
내가 먼저 봄이 되어
사랑하는 그대 손잡고
활짝 웃으며 봄 마중 가렵니다

꽃바람

나는 꽃
너는 바람
봄의 속삭임에
함께 어우러지니
설렘 가득한 꽃바람

영춘화

봄이 오는 길목에 서서
봄맞이하는 꽃이랍니다

깊은 정 그리워
사모하는 마음으로
희망을 노래하는 꽃!

개나리꽃이라고
착각하지 마세요

내 안에 그대처럼
꽃대 올려 봄꽃 피워낸
내 이름은 영춘화입니다

개나리꽃

간밤에 빛나던 별 무리
살며시 땅 위에 내려와
앙증맞게 핀 작은 별꽃

맞닿은 하늘과 땅이
줄지어 하나로 이어져
소곤소곤 속삭이는
환한 황금빛 웃음소리

진달래꽃 연가

앞산 뒷산에
진달래 꽃등 켜면
마음이 그리움에 젖어
자수를 수놓듯
그대를 새기고

살며시 부르는 노래
우리 함께 저 산에
진달래꽃 따러 갈라요?

설중매

겨우내 품고 있던
가슴속 불씨 하나

춘설에 꽃불 켜니
벙글어진 가슴은

그대 얼굴 닮아
꽃불이 예쁘다

누가 먼저일까?

꽃이 먼저 피어나고
새싹이 나중 나고

새싹이 먼저 나고
꽃이 나중 피어나고

개나리 진달래 목련꽃
누가 먼저일까?

별수국

분홍색 별수국
꿈과 희망 전하려고
보석처럼 반짝반짝
지상에 뜬 별꽃이다

반짝이는 작은 별
빛나는 너의 모습
딱 봐도 예쁘다
볼수록 사랑스럽다

그러면

이따금 부는 바람에
실려 온 하얀 꽃송이

설렘 가득 안고서
네게로 달려간다면

그러면
만나줄래?

처녀치마

깊은 계곡 습한 자리에
처녀치마 꽃이 피었네

나처럼 자신있게
꽃대 올려 피우는 꽃잎

다소곳한 긴치마는
오지랖을 드리우고
나처럼 예쁘게 피었네

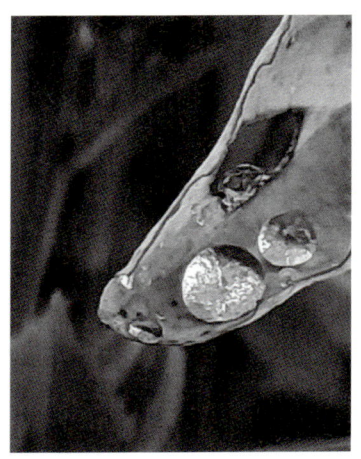

그대는 봄 2

영춘화 진달래
피지 않았다고
봄이 아닌가요?

내 안에 그대가
이미 봄입니다

더불어 세상은
오래전부터 지금까지
봄이었습니다

꽃웃음

하이얀 목련꽃
노오란 개나리
분홍빛 진달래

꽃들의 해맑은 웃음에
나도 모르게 그만
꽃웃음 따라 웃습니다

내 안에 그대도
꽃웃음 따라 웃습니다

매화 2

인내하는 매화는
엄동설한 삭풍에도
절개를 팔지 아니하고
충실하게 꽃 피었구나

아름답게 꽃피울 봄을
얼마나 기다렸을까?

고결하고 맑은 마음으로
모진 바람 추위도 견디고
때맞춰 꽃망울 터트렸구나

흰 눈 속 달빛 아래서
그리운 마음 달래며
홀로 향기 피우는구나

물매화

청초한 꽃잎의 미소
하늘 향한 아름다운 몸짓
충실하게 피워올린 자태
신비스러울 정도로 고결한
물매화 꽃입니다

봄처럼 마음을 사로잡는
매화를 닮아서 붙여진 이름
그대처럼 다시 보고 싶은
물매화 꽃이랍니다

봄까치꽃

내 이름은?
봄까치꽃입니다

봄도 예쁜데
까치에 기쁜 소식을
꽃으로 피워낸 별꽃
봄까치꽃입니다

보라색 비단 위에
초록을 물들인 풀꽃
반가운 소식 전하는 봄꽃
봄까치꽃입니다

꽃은 언제 핀당가?

진달래꽃은
언제 핀당가?
엄니!
엄니!
한 밤만 자면 피어?
열 밤만 자면 피어?
백날 물어보는 철부지 딸에게
자장가 불러주며 하신 말씀
스무 밤만 자면 핀단다
진달래꽃

고마리

사람들이 부르는 꽃 이름
고만고만하다고 고마리입니다

자잘한 분홍빛 꽃잎에도
새벽엔 영롱한 이슬이 머물고
한낮엔 벌 나비 떼춤을 춥니다

꽃술에 피어나는 달콤한 향기에
그대 그리움은 배가 됩니다

괭이밥

귀엽죠
사랑스럽죠
샛노란 괭이밥

노란색 분칠하고
빛나는 마음으로
사랑에 기쁨을 주는
오래도록 보고 싶은 꽃!

물망초

내 이름은
하늘색 별꽃 물망초입니다
그대에게 평생 눈먼
나를 잊지 말아요

함께한 소중한 추억
빛나던 생의 모든 순간이
꽃으로 피어난 물망초 꽃
그대를 사랑합니다
나를 잊지 말아요

봄까치꽃 2

어느 별에서 왔을까?
앙증맞은 아기 별꽃

추운 계절 견뎌내고
반가운 소식 전하려
아름답게 꽃피웠구나

크지도 않고
화려하지도 않지만
그런 네가 참 예쁘다

산수유꽃

봄의 전령사
산수유꽃이 피었습니다

다시, 봄입니다
노오란 꽃그늘에 앉아
달콤하게 부르는 노래
산수유꽃이 피었습니다

영원불멸의 사랑이
빨간 열정으로 열매 맺을
산수유꽃이 피었습니다

꽃으로 피는 시간

세상에서 가장 아름답게
시(詩)의 언어로 피워올린 꽃
그 향기 온누리에 가득합니다

자신의 시간에 따라
피었다 지는 꽃은 많지만
백련의 그윽한 꽃향기는
많은 사람들의 가슴속에
진한 감동으로 피었습니다

그대 안에
꽃으로 피는 시간
활짝 피어나는 웃음꽃
영원한 그리움으로 피었습니다

꽃 2

세상의 모든 꽃은
그대를 닮아서
정말 예쁘다

고운 자태 뽐내며
향기로 유혹하면
벌 나비도 춤춘다

노랑어리연꽃

너 이름이 뭐니?
난 노랑어리연꽃!

우아하지 않아도
청순함은 기본이요

황금색을 띤 작은 꽃잎
각자 누리는 부귀영화에
수면의 요정처럼 예쁘다

할미꽃

당신의 이름은?
젊어서도 할미꽃
늙어서도 할미꽃
꼬부라진 할미꽃

나의 어머니
어머니의 어머니
어머니의 어머니의 어머니
가슴 가슴에
그리움의 꽃으로 핀 꽃!

아카시아꽃

(2021년 지하철 공모시 당선작)

아카시아꽃은요
겨우내 못다 내린 눈
길 잃고 헤매다
이제사 내려와
순백의 눈꽃 되었나 봐요

아카시아꽃은요
간밤에 고운 달빛
살며시 내려와
목화솜처럼 하이얀
꽃구름 되었나 봐요

나팔꽃 연가

밤새 간직한
나팔꽃 순애보는
그리움이 한 보따리

나팔 속에 가득
그대 생각 담아
기쁜 소식 전합니다

여름 즈음에

바쁘게 살다 보니
봄 가는 줄도 몰랐네

어찌나 바빴던지
여름 오는 줄도 몰랐네

봄꽃의 매력도 잠시
세월의 징검다리 건너
그 어디쯤엔가
벌써 여름이 기다리고 있었네

청보리밭에 종달새는
사랑하기 바쁘고
수양버들은 바람 따라 춤추네

틈만 나면 노래하는 뒷산 뻐꾸기는
서로에게 화답하느라 바쁘다네
바야흐로 여름!

꽃물 들다

장독대 옆에 활짝 핀
봉숭아 꽃잎 따다가
소금이랑 백반 넣고
돌멩이로 꽁꽁 빻았다

엄마가 동여매준 손톱
밤새 욱신거리고 아파도
참고 인내하며 기다리면
빨갛게 물든 손톱이 예뻤다

그 시절 그때처럼
곱게 물들었던 꽃물에
엄마 마음이 담겨서
아직도 눈에 선하다

초록의 응원

땡볕은 아랑곳 않고
초록의 잎사귀들은
여름 향기 속에서
희망의 손을 잡고
우리를 응원합니다

장마에 더운 날씨
그대 혹여라도
지치지 않도록
무조건 행복하기를
초록이 응원합니다

호랑나비의 꿈

꽃에게만 주는
데칼코마니 선물입니다

꽃들에게 반한 나비는
꽃과 더불어 상생하면서도
흠집을 내지 않습니다

애벌레 시절을 기억하는
꿈꾸는 호랑나비처럼
그대 힘껏 꿈을 펼쳐봐요

등꽃

꽃 같은 그대의
사랑에 취하여

밤새워 써보는
보랏빛 엽서에

설레는 그리움
빼곡히 적어서
살포시 띄워요

능소화 3

내 그리운 님
혹여 못 볼세라

마디마디 꽃등 켜고
기다림을 알리는
황금빛 애끓는 종소리

내 고운 님
행여 지나칠세라

도톰한 주홍 입술
살포시 수줍게 내밀고
유혹하는 능소화여!

달맞이꽃 7

달밤이면
밤의 요정
달꽃이 솟는다

오랜 기다림 끝에
노란 꽃잎으로 만든
달꽃이 열린다

마치 마법처럼
매력에 이끌려서
달 안고 가는 달맞이꽃!

꽃이 아름다운 이유는?

꽃이 아름다운 이유는?
매 순간 모든 열정을 불태운 까닭이요

꽃이 아름다운 이유는?
그 가치를 아는 이가 있기 때문이요

꽃이 아름다운 이유는?
내 안에 살아 숨 쉬는
꽃 같은 그대가 있기 때문이다

봄이 오면

봄이 오면
영춘화 개나리 진달래
매화가 앞다퉈 피어나고

실개천에 버들강아지
봄바람에 살랑 춤춘다

봄소식 어디서 들었을까
강남 갔던 제비들 돌아오고

봄 동산에 피어나는 꽃들
노랑나비 흰나비 춤춘다

봄이 오면
내 안에 그대 손잡고
아지랑이 피어오르는 들판에
천둥벌거숭이처럼 흥겹게 놀아보자

꽃구경

여기를 봐도 꽃
저기를 봐도 꽃

꽃들의 잔치에
눈이 호사를 누리는
찬란한 봄입니다

바쁜 일상의 삶일랑
잠시 잠깐 내려놓고

사랑하는 그대 손잡고
설렘 가득한 소풍처럼
우리 함께 꽃구경 갑시다

봄 6

여기를 봐도
저기를 봐도
천지가 꽃대궐

너처럼 예쁜 꽃을 보니
별것도 아닌 일에도
자꾸만 웃음이 나와

눈이 부시게
찬란한 봄이잖아

꽃과 나비

꽃들의 향기에
꽃들의 미소에
꽃을 찾는 나비

이 꽃 저 꽃
가리지 않고
향기 속에 빠져든다

봄꽃의 향연에
나비의 날갯짓은
온종일 바쁘다 바빠

꽃과 나비
내 안에 그대는
환상의 짝꿍이다

4월의 기도

늘
그대가 머무는 곳에
하늘이 맑음이기를

항상
그대의 얼굴엔
밝은 미소가 함께 하기를

언제나
그대를 위한 기도에
진실한 축복이 넘쳐나기를

늘 항상 언제나
내 안에 있는 그대
기쁨과 행복의 순간에
사랑하고 감동하고
희구하고 전율하기를…!

살구꽃이 피었습니다

살구꽃이 피었습니다
봄바람에 유혹 어쩌지 못하고
수줍은 아가씨 볼 같은
예쁜 꽃망울 터트렸습니다

술 익는 고향 마을에도
꽃등 컨 조명탄 터트리면
간밤 달그림자에도 환하게
살구꽃이 피었습니다

솔나리

솔나리꽃이 피었다
오랜 풍상 굴함 없이
연분홍 꽃으로 피었다

끝도 없이 기다리는
그대 그리움 달래주겠다며
내 가슴에도 꽃으로 피었다

봄꽃 향연

나의 사랑하는 그대여
어서 함께 꽃구경 갑시다

꽃처럼 예쁜 그대
두 손 꼭 마주잡고
나의 어여쁜 자야
일어나서 함께 가자

봄꽃의 향연 2

꽃처럼 예쁜 그대랑
서로 상춘객이 되어
알록달록 오색 봄꽃
향연을 베푼 자리는
인생의 화수분이어라

잠시 멈춰 서면
자세히 보이는 봄꽃
향연에 취해도 보고
희망찬 봄을 노래하니
더는 소원 없으리오

나의 봄 나의 사랑

겨울 안에도
봄기운이 있어
새들의 지저귐에도
봄이 숨겨져 있습니다

내 안에 있는 그대가
따뜻한 봄이라서
그래서, 나의 사랑 봄은
벌써 기지개를 켭니다

꽃바람

나는 꽃
너는 바람
봄의 속삭임에
함께 어우러지니
설렘 가득한 꽃바람

늦봄이 쏟아지다

삶의 시간 속에
짙어져 가는 봄 향기

여름을 알리는
뻐꾸기 노랫소리
그에 뒤질세라
소쩍새 솥 적다고
풍년가를 부르는 늦봄

반짝이는 강물에 윤슬
바람 따라 흐르는 구름
불타오르는 저녁노을에
덩달아 쏟아지는 늦봄

초롱꽃

짙은 그리움
가슴에 담아
수줍어 고개 숙여 피는 꽃

청사초롱 등불 켜고
그대 오는 길목에서
애타게 기다리는 꽃

내 안에 그대처럼
꽃이 되어 환하게 밝혀주는
어여쁘고 해맑은 초롱꽃

족두리꽃

수줍은 새색시
시집가는 날에

질투가 날 만큼 예쁜
연분홍 족두리 쓰고
연지 찍고 곤지 찍고

나비처럼 훨훨 사뿐하게
그대에게로 날아오릅니다

짚신나물꽃

숲의 초록 촛대에
노란 불을 밝히고
땡볕에도 감사하는
짚신나물꽃이 피었습니다

바람에 살랑살랑
꼬리까지 흔들고
마법의 풀꽃이라 불리는
짚신나물꽃이 피었습니다

비비추 꽃

좋은 소식 전하려
싱그러운 초록 잎에
꽃대 높이 올리고 피는
연보라색 비비추 꽃입니다

내 안에 그대처럼
하늘이 내린 인연에
희구하고 감사하며
신비한 사랑을 노래합니다

도라지꽃 2

아무런 기별도 없이
어느 별에서 온 거니?

가녀린 매무새에
청초한 미소를 띤
완벽한 오각의 얼굴

곱디고운 보랏빛으로
수줍게 물든 마음은
영원한 사랑이어라

좀작살나무 꽃

식물계에도 법이 있다면
이름을 바꾸고 싶다는
그런 생각을 할까요?

아니 아니 아니요
특별한 이름 그대로가 좋은
좀작살나무 꽃은
연보라색 꽃을 피우고
보라색 열매를 맺는 꽃입니다

뾰족한 잎사귀가
고기 잡는 작살을 닮아서
붙여진 이름이지만

그대 향한 내 마음처럼
한결같은 좀작살나무 꽃입니다

자리공 열매

장록이라 말하고
자리공이라고 말하여
불리는 이름도 두 개이다

해마다 이맘때쯤이면
환희 가득한 햇살 받아
지천에 흔한 식물이다

장난감이 귀한 어린 시절
장록 열매 따서 빠꿈*살던
소녀의 꿈이 담긴 열매이다

---

* 빠꿈 : 소꿉놀이

순비기꽃

바닷가 모래톱에
순비기꽃이 피었다

너의 이름을 먼저 알고
너를 마주하는 순간에
탄성이 저절로 나왔다

세찬 바닷바람에도
보랏빛 그리움으로
순비기꽃이 피었다

그거 참 희한하네

하이얀 박꽃은
속도 하얗고요

노오란 호박꽃
속은 노랗지요

노랑꽃 산수유
빨강색 열매 맺고

하얗게 핀 딸기꽃
열매가 새빨개
그거 참 희한하네

민들레 9

따스한 햇살 품고
노오란 꽃신 신고
활짝 미소 짓는 민들레

가던 길 멈추고
자세히 바라보면
환한 웃음이 사랑스럽다

민들레 홀씨 여행 5

진정한 사랑으로
몸 바쳐 꽃피웠으니
홀가분하게 떠나는 거야

백 번이고 천 번이고
훨훨 가볍게 날아올라
미지의 세계로 떠나는 거야

내 안에 그대 향기
가득히 담아 행복하게
홀씨 여행을 떠나는 거야

민들레 연가

사뿐히 떠나는 홀씨 여행
넓은 세상 춤추며 날아다니다
그만 발을 헛디뎌 넘어진 곳이
꽃밭이 아니라 시멘트 바닥이라네

세월의 강을 건너서
기다림으로 보낸 인고의 시간
시멘트 틈 사이가
내가 널 기다리는 자리면 어때

단 한 번의 생일지라도
오매불망 기다리는 그리움에
눈부시게 꽃피울 나의 봄이
너에게 함박웃음으로 화답하리라

동행하는 그곳에 꽃이 핀다

해바라기 연가 3

내 마음의 시계방향은
늘 항상 언제나
널 향해 바라보고 있어

아침엔 햇살처럼 환한 미소로
꽃잎마다 새겨진 사랑 전하고

한낮엔 그리움의 향기를
지나가는 갈바람에게 부탁해
나만의 사랑을 그대에게 전하고

꽃보다 그대

꽃이 제아무리 곱다 한들
그대 고운 얼굴만 못하더라

치자 꽃 향기롭다 해도
그대 고운 마음 향기에
견줄 바 못 되더라

절세미인 양귀비보다
봄 같은 내 안에 그대가
세상에서 제일 예쁘더라

당신도 그런 적 있나요?

온종일 해만 따라다니는 해바라기처럼
설레는 마음 감추지 못한 채
당신도 나만 그리워한 적 있나요?

풀벌레 우는 가을밤 달빛에 취해
은하수 숲길을 함께 거닐고 싶다는
그런 상상을 해 본 적 있나요?

다가갈 수 없는 보물섬에 갇혀
일상의 모든 일 잊어버린 채
속울음 우는 나처럼
당신도 그런 적 있나요?

유홍초

밤하늘에 작은 별
붉은 사랑이 어떻게
나에게로 왔을까?

앙증맞고 예쁜 너
내 안에 그대처럼
영원히 사랑스러워라

모두가 그리움이더라

바람에 지는 꽃잎
만추에 지는 낙엽

가을 달 끌어안고
내 안에 그대 생각

아쉬워하는 그 마음
모두가 그리움이더라

바야흐로 여름

달그림자 따라
새벽길 걷다 보면
뻐꾸기는 뻐뻐꾹
여름이 잠에서 깨어난다

초록이 무진장 푸르러
여름은 무장 깊어만 가고
폴폴 상큼한 풀냄새에
내 영혼이 즐거워
기꺼이 노래 부른다

해바라기 사랑 3

온종일 해만 바라보고
그리운 마음 불태우는
해바라기 사랑처럼

그대 향한 내 마음도
오매불망 한결같이
해바라기 사랑이라네

꽃비 2

봄꽃 속에 빠져서
그대 생각하다가
바람에 휘날리는 꽃잎
유심히 바라보니
어느새 꽃비가 되어
하염없이 내립니다

봄에 내리는 꽃비는
살포시 마음을 적시고
그리움의 크기만큼
이별의 향기를 더합니다

여름 선물

초록의 숲속에서
여름을 알려주는
뻐꾸기의 노랫소리

땅거미 내린 저녁
어둠을 다독이는
소쩍새의 노랫소리

사랑하는 내 마음까지
정성껏 곱게 포장해서
그대에게 드리렵니다

매미들의 합창

땅속 7년의 긴 세월
오랜 기다림 끝에 주어진
땅 위 삶의 7일을 누리는 중입니다

시도 때도 없이 맴맴맴
절규에 가까운 합창소리에
사랑을 위하여 그럴 수도 있지 하며
가을 소나타의 전주곡임을 예감합니다

이슬

봄까치꽃 3

빛나는 작은 별들이
와르르 쏟아내는
기쁜 봄소식

소소한 바람에도
흔들리는 몸짓
앙증맞고 귀여운
봄까치꽃입니다

행복배달

똑똑똑
행복배달 왔어요

마음의 창을 활짝 열고
행복 받을 준비 되셨나요?

슬픔은 빼기로
기쁨은 나누기
행복은 곱하기
이게 바로 행복 방정식

빼고 나누고 곱하면
우리 사는 지구별은
매 순간 꽃봉오리처럼
행복이 주렁주렁!

봄이슬 2

겨우내 기다렸지
보석처럼 빛나는
영롱한 진주 이슬

새싹 기지개 켜면
반갑게 돌아오는 너
마음에 담으니 사랑스럽다

이슬의 언어

어쩌면 영혼을 담아
오늘은 맑음이라고
그러니까 힘내라고
이슬의 언어로 말한다

매일 받는 선물이지만
이슬을 보는 순간마다
그리운 사람을 그리며
새로운 꿈을 꾸게 된다

이슬 이름

영롱한 이슬
꽃잎에 머물면
꽃이슬이 되고

풀잎에 머물면
풀잎 이슬이 되고

내 마음에 머물면
진주 이슬이 된다

이슬 예찬

밤새 풀잎에 매달렸다가
싱그럽게 아침을 노래하는 이슬

여태껏 나를 기다렸니?
눈부신 햇살 머금고
방긋 미소 짓는 영롱한 이슬

너로 인해 들뜬 마음
깊이를 가늠할 수 없어
잠시 행복한 쉼표 하나 찍어본다

이슬 부자

누구나 똑같은 하루를
특별한 선물로 받지만
이슬을 보려고 일찍이
나서는 순간에 설렌다

영롱한 진주와 눈 맞춤
그 순간 기쁨이 더해져
마음에 가득한 보물섬
이슬로 채워진 부자다

아침이슬 3

풀잎마다 동글동글
꽃잎마다 둥글둥글
진주처럼 반짝반짝
영롱한 이슬 담아보면
몸도 마음도 둥글어진다

아침이슬은 방울방울
수정처럼 맑고 밝게
거미줄에 매달려서
신나게 미끄럼 타고 놀면
동동 하늘 무지개가 뜬다

하늘 담은 이슬

그대는
맑디맑은 이슬

나는요
그대를 담은 진주

오롯이
마음에 담으니
경계 없는 하늘은
한 폭의 그림이 되었네

이슬 안에 너 있다

내 안에
너를 담아
그리움 가득
꽃웃음 머물고
영롱한 진주가 되니
우주가 빛날 수밖에

이슬을 좋아하는 이유

찰나에 빛나는 너라서
마음에 머무는 너라서
너라서 그냥 좋다

공평하게 내리는 너라서
영롱하게 빛나는 너라서
너라서 마냥 좋다

이슬

연잎 이슬

욕심내지 않고
흔들리지 않고
정직하게 담는다

연잎에 담긴 이슬
행여 버거울세라
비워내는 지혜를
연잎에게 배운다

새벽을 깨우는 이슬

다시 오지 않을 오늘 이 시간
온전한 마음으로 맞는 하루
보석 같은 널 만나러 가기 위해
내 안에 잠자는 나를 깨운다

온몸으로 새벽을 깨우며
찰나에 빛나는 영롱한 이슬
살포시 가슴에 담으면
화수분처럼 행복이 주렁주렁!

동그란 이슬

세모도 네모도 아닌
동글동글 동그란 이슬

지구도 둥글고
해와 보름달도
이슬과 빗방울도 둥글다

영롱하게 빛나는 이슬
마음에 가득히 담으면
모나지 않고 여유로운
빛나는 삶을 살게 된다

얼음 이슬

샛별도 잠들지 않은 새벽
여명보다 먼저 깨어나서
한사코 너를 기다렸더니

하얀 겨울을 품고
이 모양 저 모양으로
꽃피우는 얼음 이슬

이슬, 이슬마다
설레는 작은 속삭임
행복 꽃으로 피었습니다

희망사항

오늘 하루도
손에는 나눔이
발에는 건강이
말에는 숨결이

얼굴에는 웃음이
가슴에는 열정이
마음에는 사랑이
넘쳐나게 하소서!

계요등 2

세상 사람 누군가
봐주지 않아도
힘껏 꽃피웠다

작고 앙증맞은
계요등의 진한 향기
지혜 담은 종소리가
세상 가득 울려 퍼진다

이슬

당개지치꽃

햇살 한 줌에도
바람 한 자락에도
봄의 한가운데서
보랏빛 꽃을 피우고
계절을 위하여
노래하며 축배하는
당개지치꽃입니다

까마중

까까중 까마중
단 하나의 진실 놀이
여보 당신 소꿉장난할 때
요긴한 간식이 되었던 까마중!

까까머리 까마중
하얗게 꽃피우더니
초록의 동심을 담고
까맣게 영근 까마중!

이슬

꽈리

어릴 적 내 친구들
너나 나나 할 것 없이

꽈리의 꽉 찬 속을
탱자 가시로 빼내고

기쁨에 겨워 입에 넣고
아랫입술과 윗니를
지그시 누르는 순간

마치 마법처럼
소리가 나는 꽈리

온종일 불고 다니며
들로 산으로 돌아다녔던
유년의 그리움이 담긴 땡깔*

---

* 땡깔 : 꽈리의 방언

참나리꽃 2

참나리꽃 저토록
주홍빛으로 물든 걸 보니
한여름에 세레나데이어라

여름날 수많은 천둥과 번개
거센 폭풍과 소나기
땡볕을 이기고 견뎌낸
나리꽃의 아름다움이어라

꽃술에 매달린 진실은
세월의 뒤안길에 서서
깨끗한 마음 순결하게
알알이 맺힌 그리움이어라

이슬

큰까치수염 꽃

바다처럼 파란 하늘엔
양털 구름이 춤추고

여름 향기 속 지상엔
동심에 젖은 큰까치수염 꽃
저마다의 매력을 뽐낸다

간밤에 빛난 별들
살며시 내려와 소곤소곤
친근한 정 나누는
하얀 큰까치수염 꽃이다

새벽이슬 2

새벽이슬은
반짝반짝 빛나는
여명의 눈동자요

조롱조롱 매달린
영롱한 진주 이슬이요

첫사랑 설렘처럼
마음을 맑히는 수정구슬이요

새벽이슬을 만나는 순간
기쁨과 행복의 화수분이어라

가을

들꽃처럼 웃으며 보내는 가을

진주처럼 영롱한 이슬
호수에 반짝이는 윤슬
보이시나요?

풀벌레들 노랫소리
여치 날개 부딪히는 소리
들리시나요?

저마다 속내를 감추고
피어나던 꽃들의 향연
오색 단풍으로 물들였던 가을
아시나요?

눈부시고 찬란했던 날들
내 안에 그리움 담아두고
들꽃처럼 웃으며 보내련다

가을은 참 예쁘다 2

들녘엔 일렁이는 황금물결
뜰엔 국화꽃 향기 가득하고
여치들의 날개 부비는 소리에
가을은 참 예쁘다

하늘엔 고추잠자리떼 춤추고
꽃밭엔 벌나비떼 꿀 따는 소리
그대 생각에 부는 휘파람 소리
가을은 참 예쁘다

때죽나무 꽃

때죽나무 꽃은
하얀 향기로 달콤하게
벌나비떼 유혹하면
고운 자태에 매혹된다

작은 종소리
뎅그렁 뎅그렁
겸손하게 울려 퍼지면
숲과 하나 되어
싱그러움을 더한다

옛날 옛적에는
때죽나무와 꽃으로
시냇가에서 빨래를 하면
묵은 때와 찌든 때를
깨끗하게 씻어주었다지요

뚱딴지 꽃

특별한 내 이름은
뚱딴지 꽃입니다

사람들은 흔히
작은 해바라기 꽃이라는 둥
다른 이름으로 부르지만
돼지감자 꽃이라 부르는
뚱딴지 꽃입니다

샛노란 고운 꽃잎
뚱하게 딴지 걸지 않고
오래 보고 싶은 미덕을 지닌
뚱딴지 꽃입니다

구절초 2

새로운 계절 9월에
구절초가 활짝 피었습니다

풀 섶에 흐드러지게 피어
청명한 가을을 노래합니다

꽃씨를 닮은 마침표보다
꽃잎을 닮은 쉼표도 찍어 보고
가을 풀섶에 빠져봅니다

구절초 꽃잎에
그대 그리운 마음
구구절절 편지를 써봅니다

가을은 참 예쁘다 3

계절의 징검다리를 건너서
동구 밖 느티나무 언저리에 머무는
가을은 참 예쁘다

황금들녘엔 허수아비 춤추고
코스모스가 한들한들 춤추는
가을은 참 예쁘다

내 안엔 빛나는 그대 생각
청명한 하늘엔 고추잠자리떼
빙빙빙 제자리를 맴도는 가을
가을은 참 예쁘다

소꿉장난

그대여 오라!
오늘 하루는 홀가분하게
저 산 고운 진달래 따며
그냥 신나게 놀아버리자꾸나!

세상에 버거운 짐 있거들랑
훌훌훌 털어버리고
천둥벌거숭이처럼 그렇게
마냥 뒹굴며 놀아보자꾸나!

덩달아 하늘도 봄비로 축복하니
난장을 치며 화답하자
우리들의 축제에 한마당
아담과 이브처럼 놀아보자꾸나!

가을

소꿉장난 2

아침 빛같이 뚜렷하고
달같이 아름다운 그대여!

노을 비끼는 저녁에
어둠이 부끄럼 가려주거든
한바탕 난장을 치며 놀아보세나

진주만에 달 뜨거든
은하수 숲길을 거닐면서
달을 안고 놀아보세나

해같이 밝은 마음으로
달같이 맑은 웃음으로
살포시 오소서 그대여!

가을 향기

하늘은 더욱 높아지고
사랑은 더욱 깊어지고
마음은 무장 넓어지는 가을

당신의 가을이
더욱 아름답게 빛나기를...!

따사로운 햇살 아래
오곡백과 무르익는 들판
고추잠자리떼 춤추는 가을

당신의 매일이
가을 향기로 물들어가기를...!

단풍 물들다

단풍은 가을에 보일 뿐
여름부터 물들기 시작한다

단풍은 어느 날 갑자기
한꺼번에 물드는 게 아니다

매미가 노래하는 여름부터
시나브로 물들어 가는 중이다

그대 사랑의 깊이만큼
서서히 물들어 가는 나처럼

반딧불이 항상 빛나는 이유

반딧불이가
거센 폭풍우 속에서도
항상 빛을 잃지 않고
스스로 빛나는 이유는
자기 안에 빛이 있기 때문이래요

그대와 나 우리도
반딧불이에 사랑의 빛처럼
모든 날 매 순간이
아름답게 빛날 수 있도록
빛처럼 살기를 소망합니다

내가 사랑하는 것들

동녘에 떠오르는 태양
풀잎에 반짝이는 이슬

이슬이 맺혀있는 거미줄
연못에 헤엄치는 물방개

하늘에 떠다니는 구름
강물에 반짝이는 윤슬

산 위에서 불어오는 바람
밤하늘을 수놓은 은하수

석양에 물들이는 노을
섹시한 달님과 별님들

꽃처럼 아름다운 그대까지
삶에 모든 순간을 사랑한다

몽돌의 노래

억겁의 세월 동안
깎이고 또 깎여서
몽돌이 되었습니다

모가 난 나를
파도가 굴리고 굴려
둥글게 둥글게 빛나는
몽돌로 만들었습니다

철썩 차르르
철썩 아갈아갈

해변의 눈부신 햇살과
은은한 달빛이랑 어우러져
정겹게 부르는 돌림노래는
혼자서는 낼 수 없는 하모니
파도와 몽돌의 합작품입니다

말의 꽃

생각이 말이 되고
말이 행동이 되고
행동이 습관이 되는 것

누구나 알고 있지만
실천하기는 어려운 일이다

말의 습관이 성격이 되고
성격이 운명이 된다

이왕이면 좋은 말을 쓰고
말의 향기와 더불어
고운 말이 말씀이 되게
말의 꽃을 피우자

무지개 사랑

어쩌다가 볼 수 있는
일곱 색깔 무지개

가슴에 소중히 담아
남몰래 꼭꼭 숨겨두면

내 안에 그대처럼
수시로 꺼내 볼 수 있지

힘들 때면 위로가 되는
빨주노초파남보의 희망
신바람나는 무지개 사랑!

연꽃처럼

연꽃은
진흙 속에서도
환경 탓하지 않으며
고난과 역경을 이겨내고
꽃을 피워올린다

그래서
더욱 고결하고 아름답다

삶이 때로는 진흙 구덩이처럼
앞이 보이지 않고 캄캄해도
연꽃처럼 애써서 꽃피워 보자

쇠별꽃

앙증맞은 쇠별꽃
방긋 웃는 눈웃음
참 곱기도 하지요

환경 탓하지 않고
머무는 곳 어디든
희망을 피우는 별꽃

작은 별 가족
참 예쁘기도 하지요

국화꽃 사랑

노을빛 물드는 뜨락에
노란 국화꽃이 피었습니다

봄부터 무던히
소쩍새 노랫소리도 품고
천둥 폭풍우 속에서도
세월의 무게를 견디고
그대 사랑으로 피었습니다

무서리 서리서리 내리고
첫눈 오는 날 기다렸다가
국화꽃 한 아름 안고서
못다 한 사랑 고백하렵니다

10월의 마지막 밤에

꽃 진 자리에
알찬 열매 맺듯이

시절 인연으로 향기 피우며
꽃바람 불어 행복 나누는
소중한 그대와 함께라서

선물 같은 오늘 하루
10월의 마지막 밤도
인생의 봄날인 양 아름답습니다

사랑

사랑

혹시 그거 알아요?

세상의 술에 취하면
약도 없다는데

그대에게 취하니
그대가 약입니다

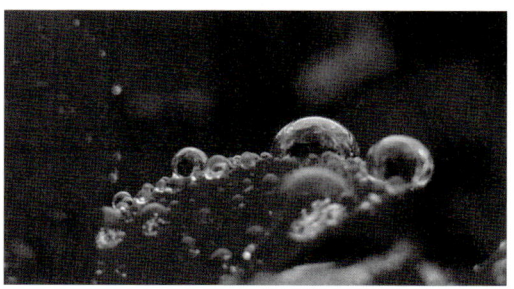

또바기 사랑

늘 가슴 벅찬
그리움으로 사랑하고

항상 오매불망
잊지 못해 사랑하고

언제나 한결같이
꼭 그렇게 사랑합니다

널 사랑해

사랑은
연필로 쓰는 게 아니라
마음으로 느끼는 거야

예전에도 그랬고
지금도 변함없이
널 사랑해 사랑해!

천만번 더 들어도
또 듣고 싶은 말
사랑해 사랑해 사랑해!

사랑이란?

사랑이란?
서로를 알아보고
아껴주는 마음이 드는 것

사랑이란?
상대의 마음속을
온전히 들여다보는 것

사랑한다면

하늘의
별도 달도 따주마
큰소리치는 당신

세상에
무서울 게 없는 당신
사랑한다면

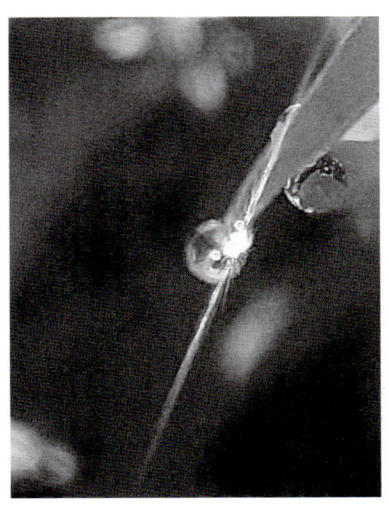

사랑

우렁각시

늘
당신이 언제 올지 몰라
숨어서 기다리며
또바기 사랑을 하는
당신의 우렁각시입니다

항상
바쁘게 돌아가는 세상사에
휩쓸리지 않으려 애쓰며
몰래 하는 사랑일지라도
혼자서 진수성찬 차려놓고
숨바꼭질하는 지고지순한 사랑꾼

언제나
님의 행복만을 비는
세상에 단 하나뿐인
당신의 우렁각시입니다

그대라는 사람 2

그대라는 사람은
내 보물섬의 주인이요

그런 그대 마음에서
배려하는 법을 배우고

그런 그대 눈빛에서
사랑하는 법을 배우고

그대로 인해 부르는
나만의 아름다운 노래는
세상에 남는 불멸의 시가 됩니다

귓속말

사랑해
엥?
사랑해 사랑해
귓속말로 속삭여도
또렷하게 들린다

간지러운 귓속말
이미 마음으로 아는 것을
그래도 자꾸
자꾸만 말로 듣고 싶어진다
사랑해 사랑해 사랑해

거울 2

너는 나를 비춘다
나의 과거와 현재
모든 행동을 기억하는 너

너 앞에 서면
왠지 쑥스럽지만
나도 모르게 웃어본다

따라쟁이 너도
오늘은 맑음이라고
덩달아 웃어주니까

그대 웃어요

근심 걱정 있거들랑
저 강물에 버리고
천진난만한 아이처럼
그대 웃어요

따뜻한 마음 안고
세상을 다 가진 사람처럼
해맑은 미소 띠며
그대 웃어봐요

당신의 해사한 웃음이
나에게 힘과 용기를 줍니다

풍경 2

파란 하늘엔
꽃구름으로
풍경을 달고

내 마음엔
그대 그리움으로
풍경을 달았더니

환한 그대 얼굴
수시로 떠올라서
혼쭐났습니다

사랑

그리움

연두빛 고운 봄이
물결처럼 번지는
이맘 때쯤이면
이 산 저 산에서 들려오는
장끼와 까투리의 대화에
왜 이다지도 가슴이 설레는지
화수분처럼 솟아나는 그리움
괜스레 가슴은 붉어만 진다
연분홍 진달래처럼 여린 내 맘
그대는 알랑가 몰라

사랑해

날마다
눈이 닳도록

날마다
보고 또 보고 싶지만
정말 그러고 싶지만

바쁜 일상의 삶이
고립된 섬에 나를 가둬도

그래도
아직도
사랑해

한 가지만 믿어줄래
사랑해 너를 사랑해

천년만년 사랑해
영원토록 사랑해

난 니가 참 좋아

오솔길에서 만난 옹달샘처럼
가슴 한켠에 밀려드는
그리움 있어
난 니가 참 좋아

안개 낀 들판길 걸어갈 때
아무런 조건 없이
날 맞이한 달맞이꽃처럼
설레임 있어
난 니가 참 좋아

부끄러운듯 수줍어 하는
달그림자 따라
별똥별 떨어진
숲길에 피어난 들국화처럼
환한 미소 깃들어
난 니가 참 좋아

가슴앓이

가슴 저변에서 일렁이는
향그러운 솔바람 소리에

그대 마주하고도
말을 못 하는 난 바보

여울진 그리움은
동백꽃보다 더 붉게 물들어

그대 내겐
보석보다 더 빛나는
그리운 사람이라고

나뭇잎 배에 사랑 실어
살포시 띄워 보내렵니다
난 벙어리가 아니라고

사랑은 어디서 오는 걸까?

사랑은
어디서 오는 걸까?

사랑은
무지개 고운 빛 드리우고
봄날 신기루처럼 다가와
꿈과 희망을 심어주는 마법!

내게 꽃밭을 선물해주고
그저 바라볼 수만 있어도 좋은
사랑은 어디서 오는 걸까?

그대 그리운 날엔

그대 그리운 날엔
가만히 하늘을 봐요

그리움 한가득
구름 속에 숨기면
하늘의 쨍한 미소에
벙글어지는 마음

그리운 이름 하나
하늘 도화지에 가득
사랑해 보고 싶다
사랑한다라고 써요

오늘 그리고 내일

오늘의 끝은
내일의 시작입니다

오늘은 꿈을 꾸며 살고
내일은 희망으로 살고

오늘 그리고 내일
그대 생각 가득한 일상은
꽃처럼 활짝 피어나는 마법!

아름다운 삶

아침에 눈을 뜨면
오늘이라는 선물이
나에게 값없이 주어지니
참 아름다운 삶이다

진주 이슬의 희망찬 노래
그리움 가득 담은 노을
밤하늘에 별과 달의 위로
이토록 아름다운 삶이다

삶의 무게가 버거워
죽을 만큼 힘들더라도
일생은 살아갈 만큼 아름답다

장날, 엄마의 보따리

내 어릴 적 장날이 오면
울 엄마는 콩과 팥 보리쌀을
보따리에 가득 담아 머리에 이고
십 리 길을 걸어서 장에 가셨다

오일장인 광양 장날에
철마다 나오는 푸성귀랑
떫은 감을 잿물에 우려
읍내 장에 갔다 파셨다

비워낸 보따리에는
아버지가 좋아하시는 갈치
자식들이 좋아하는 꽃게
살림에 필요한 물건 등
사랑을 가득 채워오셨다

희로애락이 담겼던
울 엄마의 보따리가
오늘따라 왠지
그립고 또 그립다

무지개 사랑

어쩌다가 볼 수 있는
일곱 색깔 무지개

가슴에 소중히 담아
남몰래 꼭꼭 숨겨두면

내 안에 그대처럼
수시로 꺼내 볼 수 있지

힘들 때면 위로가 되는
빨주노초파남보의 희망
신바람 나는 무지개 사랑!

연꽃

그녀는 진흙 속에서도
세상을 탓하지 않으며

고난과 역경을 이겨내고
꽃대를 올리고 망울을 틔운다

아침이슬 머금은 여인은
고결하고 청초한 귀인이다

여인의 연못은 혼탁해서
한 치 앞이 안 보이지만

여인은 붉은 심연^{心淵}에서
넋^{魂}을 올려 핏꽃을 틔운다

말의 꽃

생각이 말이 되고
말이 행동이 되고
행동이 습관이 되는 것

누구나 알고 있지만
실천하기는 어려운 일이다

말의 습관이 성격이 되고
성격이 운명이 된다

이왕이면 좋은 말을 쓰고
말의 향기와 더불어
고운 말이 말씀이 되게
말의 꽃을 피우자

사랑

별똥별

왜?
하필
별똥별이
내 가슴에 떨어질까?

그대
그리울 때
불까지 밝혀가며

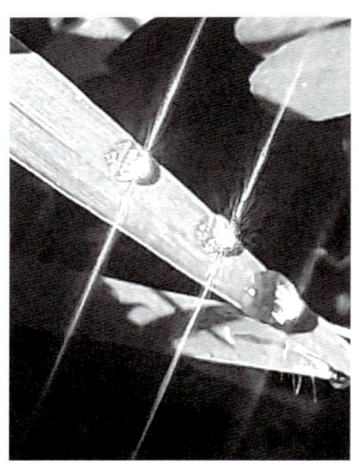

별똥별 5

오메!
별똥별 떨어진다 잉!
어서 소원 빌어야겠소!

잠시 마음 머무는 곳
그곳에 시방 마음 두었더니만
행복이 화수분처럼 쏟아져요

오메!
허벌나게 좋소 잉!
그대처럼...!

별똥별 7

한 번의 생애
몇 억 광년을 기다리다가
한순간 불꽃으로
아낌없이 불태우며
쏟아져 내리는 별 무더기

북두칠성

밤새 잠도 안 자고
우리를 지키느라
빛을 발하는 북두칠성

사람들의 꿈을 모아
국자 가득 담고 있구나

오늘따라 유난히 반짝이는
일곱 별들의 속삭임
힘내, 네 꿈을 응원할게

별 헤는 밤에

별 헤는 밤에
은하수 숲에서
무지개다리 놓고
숨바꼭질하다가
별을 따서 가슴에 담습니다

별 헤는 밤에
가장 찬란한 별 하나
그대 그리운 나 하나
제일 빛나는 너 하나
별을 따서 마음에 품습니다

낮에도 별은 뜬다

저 밤하늘에
별을 따다가

몇 섬지기 별마당에
그 별을 뿌렸더니
낮에도 별이 떴다

별을 노래하는 마음에
무한하게 펼쳐지는 꿈
내 안에 꿈꾸는 별 있다

사랑

별밤

별 하나 나 하나
반짝이는 보석 하나
가슴에 담습니다

오늘도 힘들었지?
토닥토닥 별들의 위로에
내 마음 무장해제되는 별밤

내 안에 그대와
꿈나라 여행을 떠납니다

별 9

저 하늘에
별을 따다가
가슴에 달았더니

내 안에 꿈꾸는 별은
그리움 가득 담고서
언제라도 반짝입니다

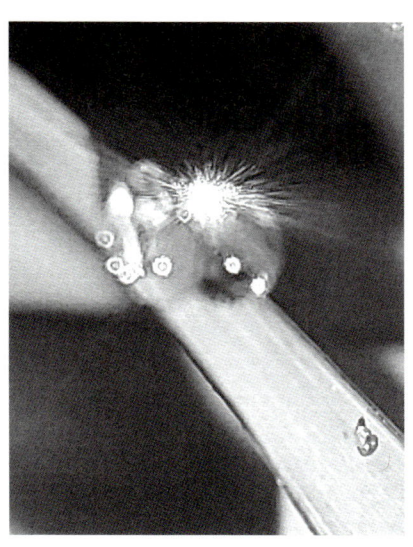

사랑

별이 가장 빛나는 순간은

하늘에 별이
가장 빛나는 순간은

내 안에 그대가
설렘으로 다가오는 순간이고

그대 생각으로
내 안에 그대가 온통
그리움으로 물드는 순간이다

별과 그리움

그리움의 크기만큼
별 무리가 밝게 빛나는
그런 날이 있다

그리움의 깊이만큼
별들이 유난히 맑은
그런 밤이 있다

그대 그리워하는
그런 내 마음을
아마도 눈치챘나 보다

여명 3

지구를 깨우는 여명은
해가 뜨기 전에
우주를 잠에서 깨워
어둠을 당당하게 걷어 낸다

새벽을 깨우는 여명은
동트는 아침의 부드러운 빛을
잠잠하게 불러일으켜
세상을 밝히는 등불이 된다

달팽이 4

더디 간다고
문제 되지 않아!

집까지 짊어지고
꿈을 향해 가는
길 위에 삶인데
느려도 괜찮아!

사랑

여백 2

지구별에서
가장 큰 여백은

내 안에 있는 그대
사랑으로만 가득 채울
여백에 그리움입니다

제비꽃 5

허리 낮추고
자세히 보면
보이는 제비꽃

햇살 한 줌에
바람 한 자락에도
시멘트 바닥 사이에서
겸손하게 피었구나

순진한 사랑 담은
키 작은 제비꽃
돌 틈 사이에 피어
정말 사랑스럽구나

백련

물 위에 떠 있는 백련은
위엄은 있으나 사납지 않고
부드럽다 못해 청초하여
순결하고 청순한 마음 가득하네

진흙 속에 살아도
순백의 자태로 꽃불 켜니
온 우주에 향기 가득
억겁의 세월을 영원히 살리라

밤이면 별들을 품었다가
새벽이면 이슬을 품었다가
낮엔 사랑하는 그대를 품으니
그대가 꽃이 되고
비로소 나도 꽃이 된다

응원군의 노래

늘
잘했다
칭찬해 주고

항상
괜찮다
다독여주고

언제나
당신 편이라고
힘을 실어주는 사람
그 사람이 부르는 노래가
응원군의 노래입니다

사랑

눈꽃

목화솜 같은 함박눈이
하얀 꽃송이 되어
내게로 달려온다

바람이 가져다준 향기
송이송이 꽃송이마다
그대 얼굴 천지에 가득
마치 꽃잎처럼 다가온다

내 안에 그대
보고 있어도
무시로 보고 싶다

함박눈이 내리던 날

펄펄 눈이 내리네
목화솜 같은 함박눈이
동동동 바람 타고
그대 향기 따라서
마치 꽃잎처럼 내린다

눈꽃 송이 송이마다
그대 얼굴 가득 담고
마치 꽃잎처럼 흩날린다

함박눈이 내리던 날
스치듯 지나간 시간
눈 위에 눈이 오고
그대 그리움만 쌓인다

광주희망콜

광주시에는요
주일 내내 달리는
희망콜을 운영합니다
망설이지 말고 신청하세요
콜 하면 쏜살같이 달려 도착하니까요

광야를 헤매던 마음도
주인공을 위한 차를 준비해 준
도시관리공사에 친절한 직원분들이
시시때때로 희망을 베푸시니
관리받는 입장에서 참 행복합니다
리 단위에도 동네 외진 곳까지
공사다망하여도 열 일 제치고
사연을 묻지도 따지지도 않고 함께하는
광주도시관리공사 광주희망콜 최고예요

가을 운동회

만국기가 휘날리는 운동장
둥둥둥 북소리에 맞춰
청군 이겨라 백군 이겨라

언니 오빠 남동생은 청군
오로지 나만 백군이라
엄니 아버지는 누구 편일까?

땅 하는 총소리에 놀라
반사적으로 뛰쳐나갔던 달리기
오자미 던지기에 터지는 함성
청군 이겨라 백군 이겨라

온 동네 사람들은 구경꾼
줄다리기를 시작하면
운동회는 절정에 이르고
흥겨운 잔치 속에
웃음꽃이 만발하여
순수한 동심이 자라난다

사랑

쪽지에 쓰인 글자대로
교장선생님 모시고 달리기
안경 찾아 달리기 등등
왠지 모를 흥겨움에
운동장이 들썩이고
가을 단풍 짙어간다

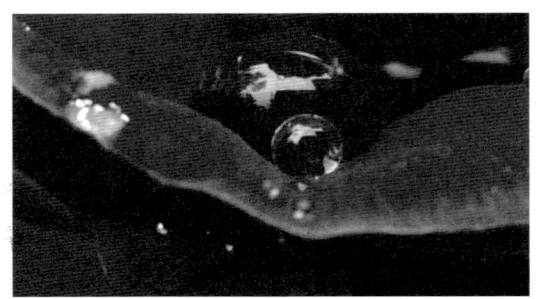

낮달 4

무심코 올려다본 하늘에
낮달이 반갑게 인사하네요

낮달이 섹시하다 말하니
그만 얼굴을 붉히네요

저물녘 눈부신 노을이
부끄럼 살짝 가려주거든
낮달에게 고백할래요

내가 설레고 기쁠 때면
낮달이 더욱더 은근하게
섹시하게 보인다고!

눈썹달 2

어머나!
저기 하늘 좀 봐
눈썹달이 떴네

눈썹달 뜨는 밤엔
오롯이 그대 생각

시방 난 그대에게
눈썹달 떴다고
문자 전송 중...!

초승달 3

초승달도
다이어트를 하나 봐

밤새 홀쭉한 몸
애써 만드느라
잠도 자지 않는 걸 보니

꿈꾸는 눈썹달

홀로 떠 있어도
외롭지 않아

미인 눈썹에
별들과 동무하고

늘 꿈꾸며 사는
그대 쉴 수 있게
준비한 흔들의자 하나

반달

나의 반쪽
너의 반쪽
완전체의 사랑

그리움으로
채울 수 있어
둥근달을 꿈꾸는 중

사랑

달이 뜨면

오늘 밤에
달이 뜨면

그리운 마음
은근히 전해줄게

보고 싶었어
많이 사랑해

달이 뜨면 2

오늘 밤엔
달이 뜨면
소원 하나 빌어야지

사랑 하나
그리움 하나
마음 가득 담아야지

보고 싶은 그대
무슨 일을 하든
마냥 행복하라고
간절한 소원 빌어야지

무지개 사랑

어쩌다가 볼 수 있는
일곱 색깔 무지개

가슴에 담아
꼭꼭 숨겨두면

내 안에 그대처럼
수시로 꺼내 볼 수 있지

힘들 때면 위로가 되는
빨주노초파남보의 사랑

야호! 쌍무지개 떴다

비는 무지개를 약속하고
나는 기다림을 약속한다

어머나! 저기 무지개 떴다
달리는 버스 안에서
함성이 터져 나왔다

동쪽 하늘에 나타난 무지개
자세히 보니 쌍무지개가 떴다

하늘에 걸린 풍경 하나
내 안에 그리움이 술렁인다

무지개 아래 사는 사람들
꿈이 녹슬지 않도록
야호! 쌍무지개가 떴다

사랑

붉은 태양

하늘을 가슴에 담았더니
붉은 태양 쏘옥 떠올린다

붉은 태양 마음에 담았더니
그대 얼굴 환하게 떠오른다

붉은 태양의 기운 받아
아마도, 아마도
좋은 일들이 자꾸 생기려나 보다

도진아! 생일 축하해

여름에 태어난 아이
도담도담 도진아
너의 생일을 축하해

너로 인해 나는
할미가 되었고
할미가 할머니가 되었고
할머니는 그랜드마더가 되었지

너로 인해
나는 행복하단다

너로 인해 세상은
태양처럼 빛날 테니까

개구쟁이라도 좋다
무럭무럭 건강하게 자라렴
축복하고 사랑한다

사랑

도진아 사랑해

(어린이날 축복합니다)

세상 그 어떤 보석보다 빛나는
사랑스러운 아이 도진아!

개구쟁이라도 좋다
파릇한 새싹처럼
씩씩하게 자라다오

별처럼 반짝이는
큰 꿈을 꾸고
빛과 소금처럼
세상에 빛으로 자라다오

어린이날 축복한다
작은 내 사랑 도진아!
하늘만큼 사랑해!

네 편

세상 어떤 일이든지
할 수 있다고 믿고
뚝심으로 밀어붙이는 네게
세상은 언제나 네 편이다
운도 복도 모두 네 편이다

사랑

단추 2

단추는
단춧구멍에 끼워야
옷이 잠기고

그대는
내 마음에 담아야
사랑이 잠긴다

세상에서 가장 아름다운 사람은

세상에서 가장 아름다운 꽃은
그대의 미소 띤 얼굴입니다

세상에서 가장 갖고 싶은 보석은
그대의 순수한 마음입니다

세상에서 가장 빛나는 별은
그대의 불타는 눈동자입니다

세상에서 가장 부드러운 길은
그대의 따뜻한 손길입니다

세상에서 가장 듣고 싶은 소리는
그대의 다정한 목소리입니다

세상에서 가장 소중한 약속은
그대와의 설레는 만남입니다

세상에서 가장 아름다운 사람은
내 안에서 집을 짓고 사는 그대입니다

사랑

힘을 주는 말

늘 항상 고맙습니다
언제나 감사합니다

당신 덕분입니다
당신을 사랑합니다

따뜻한 말 한마디에
내 안에 꽃밭이 생기고
세상 살맛이 납니다

마음가짐

나는 할 수 있다
생각하는 사람에게
반드시 성공이 찾아온다

말에는 힘이 있어
그 위력이야말로
경험한 사람만이 알 수 있다

나도 할 수 있는 일을
당신도 할 수 있다는 사실
마음가짐에 따라 정해진다

호주머니

봄여름 가을엔
텅 텅 비어있던
호주머니는

겨울만 되면
두 주먹이 들락날락

그대 마음처럼
마냥 따뜻해지는
호주머니라서 좋다

커피에 취하다

그대는 커피를 좋아하고
나는 그런 그대를 좋아하고

빈 잔에 채운 커피처럼
자꾸 보고 싶은 그대
그리움으로 채운다

그대의 고운 향기처럼
진한 커피 향만 맡아도
나는 이미 취한다 취해!

사랑

생일

세상에서 가장 아름다운 꽃
그대가 세상으로 온 첫날
오늘 하루만큼은 내 세상이다

호수보다 깊은 그리움 안고
꽃잎마다 행복을 수놓았더니
향기로운 꽃내음 선물이 되어
너 안에 내가 꽃으로 피어나는 날이다

이런 사람이 되고 싶습니다

늘
사계절 푸르른 상록수처럼
파란 마음으로 살아가는 사람
아침 이슬 머금은 영롱한 풀잎처럼
소박한 들꽃의 미소처럼
마음 밭이 풍요로운 사람
마음속에 보물섬을 품고 사는
꽃보다 향기로운 사람이 되고 싶습니다

항상
캄캄한 밤하늘에
금강석을 뿌려놓은 별처럼
보석을 달지 않아도 빛나는 사람
고운 달빛 그림자처럼
분홍빛 설레임으로 그리워하며
창공에 빛나는 따사로운 햇살처럼
세상에 빛과 소금이 되고픈
사람 냄새나는 푸근한 사람이 되고 싶습니다

언제나
바쁘게 돌아가는 세상사에 휩싸이지 않고
물 흐르듯 여유롭게
때로는 황소걸음을 걷는
마음이 넉넉하고 따뜻한 사람
웃는 얼굴 고운 마음씨로
가뭄에도 마르지 않는 옹달샘처럼
나 그대에게 행복의 샘같은 사람이 되고 싶습니다

샤론의 장미여!

샤론의 장미여!
유구한 세월 속에
피고 지고 또 피어나는
불멸의 꽃 무궁화여!

아침 햇살 머금고
꿋꿋하게 피어난 자긍심
한국인의 가슴에 남아
영원토록 불타오르는
찬란하게 빛나는 꿈이여!

샤론의 꽃 무궁화여!
고요한 아침의 나라
삼천리 방방곡곡에
끈기 하나로 지켜낸
한민족의 기상과 자존심
영원히 지지 않으리라

사랑

동행을 부르는 이야기

동행하며 부르는 이야기
세상살이 살아낸 이야기
소소하고 사소한 이야기

아름답게 동행한 이야기
함께라서 행복한 이야기
우리들의 즐거운 이야기

동행을 부르는 이야기
그런 까닭에
사랑할 수밖에

아이와 어른의 차이점

아이는
안 듣는 척하면서 다 듣고

어른은
잘 듣는 척하면서 안 듣는다

아이는
늘 맑은 동심으로 살고

어른은
항상 좋은 추억으로 산다

희망사항

오늘 하루도
손에는 나눔이
발에는 건강이
말에는 숨결이

얼굴에는 웃음이
가슴에는 열정이
마음에는 사랑이
넘쳐나게 하소서!

보조개

예쁜 보조개를 가진 그녀가
웃을 때마다 따라 웃어주는
귀엽고 풋풋한 예쁜 보조개

붉은 장미꽃처럼 섹시하게
그대 사랑처럼 피어나는 웃음꽃
좋아하는 마음 가득 담은
따라쟁이 예쁜 보조개

덩굴장미

예뻐도 너무 예뻐서
볼수록 더욱 빠지는
꽃 중에 꽃 덩굴장미

수시로 담장을 넘어도
누구 하나 도둑이라
말하지 않는 덩굴장미

불타는 열정 하나로
내 마음을 훔쳐 간
매혹적인 그대를 닮아
사랑할 수밖에

아름다운 삶

아침에 눈을 뜨면
오늘이라는 선물이
나에게 값없이 주어지니
참 아름다운 삶이다

진주 이슬의 희망찬 노래
그리움 가득 담은 노을
밤하늘에 별과 달의 위로
이토록 아름다운 삶이다

삶의 무게가 버거워
죽을 만큼 힘들더라도
일생은 살아갈 만큼 아름답다

사랑

엄마의 밥상

세상에서
제일 맛있는 밥상은
엄마의 밥상입니다

세상에서
가장 정성껏 차린 밥상은
울 엄마의 밥상입니다

고봉밥도 부족하다 여기시고
사랑으로 꾹꾹 눌러 담아주시던
따뜻하고 정갈하여 소박한
엄마의 밥상입니다

상이란 상은 다 좋지만
그중에 최고의 상은
엄마의 밥상입니다

온 가족이 오순도순 둘러앉아
까르르 웃음꽃 피우게 하는
상 또한 엄마의 밥상입니다

천둥벌거숭이처럼 철없던 딸의
가슴 절절한 고백 하나
단 한 번만 이루어질 수 있다면
꼭 다시금 받아보고 싶은 상은
울 엄마의 밥상입니다

사랑

만월

나를 마중 나온 만월에 취해
차곡차곡 쌓아둔 그리움
툭하고 봇물처럼 터지면

무소유의 마음에도
설렘 가득 꽃물 들어

흐드러진 달빛에
저기 꽃눈 가지 휘겠네

그대라는 꽃

이 꽃
저 꽃
다 들여다봐도
내 가슴속에 피어있는
그대라는 꽃이
제일 예쁘더라

사랑

거미줄 밧줄

오밀조밀 탱탱하게
그네처럼 팽팽하게
바람에도 끄떡없는 거미줄

방심하던 메뚜기
그만 밧줄에 걸렸네
이를 어쩌나

동백꽃

사랑에 눈먼 동박새
천년을 노래 부르고

그대 변함없는 사랑에
저리도 붉어져서 핀 꽃이라오

붉은 뺨 노오란 꽃등 켜고
꽃의 마음으로 애타게 부르는
아름다운 사랑의 세레나데

내 심장을 닮은 동백의
수줍은 사랑 고백은
그대를 누구보다 사랑합니다

클로버 이야기

네잎클로버를
찾는 것은 행운이고

세잎 클로버를
보는 것은 행복이다

행운 속에 행복 있고
행복 안에 행운 있다

내 가슴속에
그대가 있는 것처럼

클로버 이야기 2

너에게 난
행복이었어

나에게 넌
행운이었어

행복을 찾다가
너를 만났네

사랑

여섯 닢 클로버

네잎클로버
행운을 찾다가

세잎 클로버
행복을 봤어요

두 잎 클로버
믿음도 봤고요

마치 기적처럼
사랑과 희망이
넌지시 손짓하네요

두리번두리번
드디어 찾았다
여섯 닢 클로버!

꽃처럼

꽃처럼
힘껏 피워 봐

꽃처럼
활짝 웃어 봐

꽃처럼
열매 맺어 봐

더 이상
바랄 게 없는
꽃처럼

가을이 오면

사소한 것들까지도
아름답게 보이는 계절
풍요로운 가을이 오면
노을빛 설렘으로 그리워하며
꿈을 꾸게 하소서!

풀리지 않는 수수께끼
그대라는 마법에 걸려
그리움을 숨겨온 꽃씨마냥
뼛속 깊이 사무치는 그대
더 깊이 사랑하게 하소서!

넋두리

(어느 늙은 여인의 피맺힌 삶)

요양원에 가서도
저 지랄하면 어쩌노!

고래고래 소리 지르고
당신만 아는 영감탱이

젊은 시절부터
바람피우고 노름하고
양복 다섯 벌이랑
가게 냉면기 몰래 팔아 묵고
그때부터 못 됐다 아이가

구십 일세 착한 아내
구십 사세 나쁜 남편
요양원에 보내기 전날
아내가 내뱉는 통한의 넋두리

다섯 자녀 사랑으로 키웠건만
못된 남편 따라 살다 보니

자식도 기초생활수급자 되어
대우는커녕 나 몰라라

피멍 든 가슴에서
마구 쏟아지는 푸념
산목숨 죽지도 못하고
도망가려고 보따리를 몇 번 쌓지만
새끼들 눈에 밟혀 못 갔다 아이가

한평생 지만 알고 살더니
치매 걸려 더 고약해진 영감쟁이
못된 저 꼬라지는
아마 죽어도 안 변할끼다

꽃피는 동행

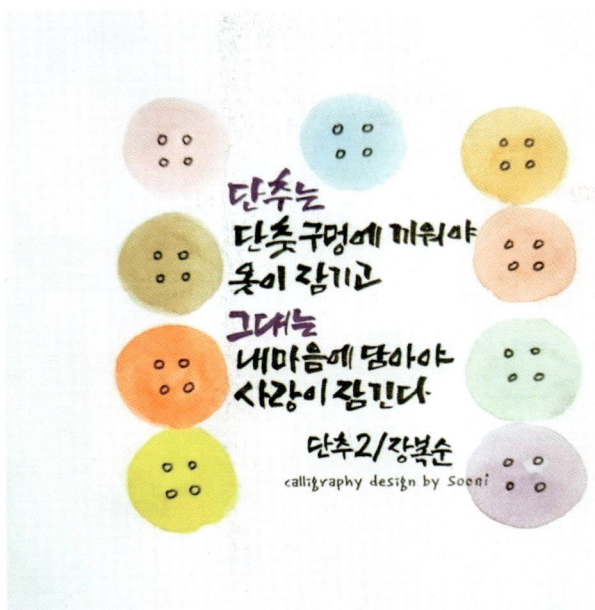

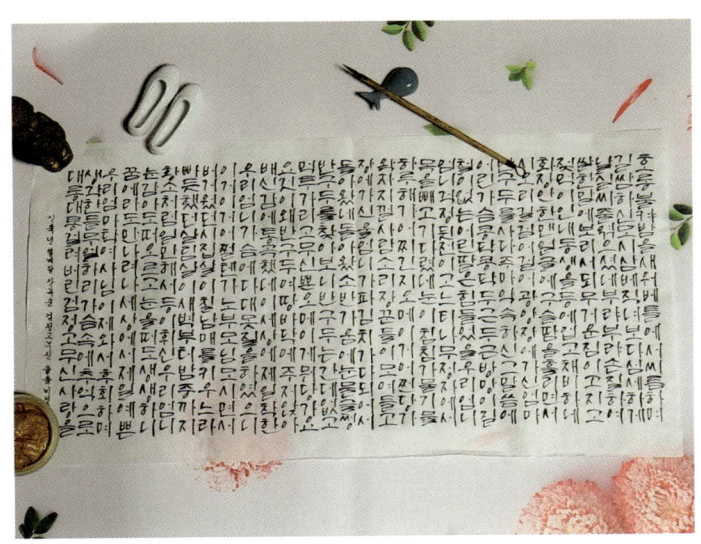

꽃피는 동행

비오는 날의 수채화

비내리는 날 오후
창가에 바투 앉아
세상풍경을 그려봅니다

풍경 속 내리는 빗방울을
모두 다 그릴 수 없어

그대를 사랑하는 만큼
마음도화지에 그려봅니다

보라색 물감으로 그린 그리움
행여 퇴색하지 않도록 그렇게

사람들 마음에 사랑가득
철부지 시인의 마음처럼
행복하면 참 좋겠습니다

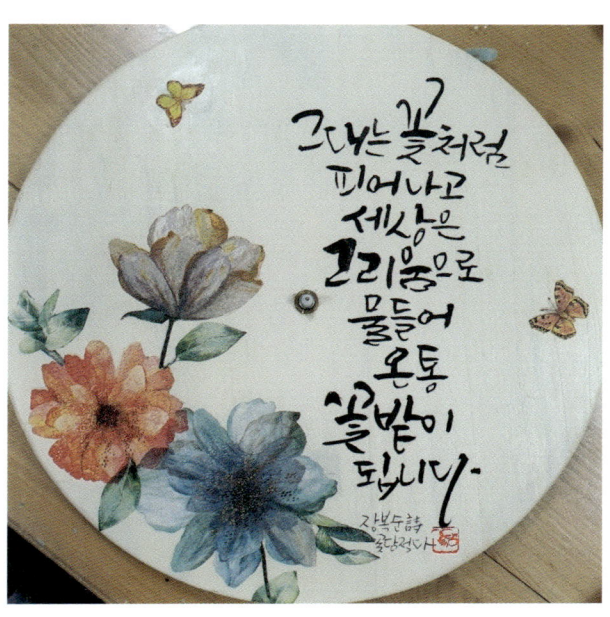

꽃피는 동행

여백의 미 -장복순-

반 하늘에
노을 수 놓을 수 있도록
나뭇잎 사이에
햇살 반짝일 수 있도록
누군가에게
배경이 되어 줄 수 있도록
넉넉한 마음에
그대 그리움 채울 수 있도록
비워야만 채워지는
반짝이는 마음 하나

꽃피는 동행

그대오는 길목마다 천사손을 불러내어 불선물로 마중하리 아름다운 나의사랑 나의나의 사랑이여

가라림3 장복순시
늘빛 송 명숙 쓰다

클로버이야기
너에게난 행복이었어
나에게넌 행운이었어
행운을 찾다가 너를 만났네
- 장복순작가님 -

HAPPY
changmi calli

동행하는 그곳에 꽃이 핀다

사랑을 위한 방정식

늘
항상
언제나
사랑하고
또 사랑하고
고민할 것 없고
좋은 생각만 하고
하고 싶은 것 다 하고
좋아하는 것 즐겨 하고
건강을 위하여 운동하고
좋은 사람 많이 만나고
믿음 서로 주고받고
예쁜 것만 보이고
행복 가득하고
사랑해 주고
좋아하고
언제나
항상
늘

광주희망콜

흑진주 시인 장복순

광주시에는요
주야 내내 달리는
희망콜을 운영합니다
망설이지 말고 신청하세요
콜 하면 쏜살같이 달려 도착하니까요

광야를 헤매던 마음도
주인공을 위한 차를 준비해 준
도시관리공사에 친절한 직원분들이
시때때로 희망을 베푸시니
관리받는 입장에서 참 행복합니다
리 단위에도 동네 외진 곳까지
공사다망하여도 멀일 제치고
사연을 묻지도 따지지도 않고 함께하는
광주도시관리공사 광주희망콜 최고예요

아카시아꽃 / 흑진주 시인 장복순

아카시아꽃은요
겨우내 못다 내린 눈
길 잃고 헤매다
이제사 내려와
순백의 눈꽃 되었나 봐요.

아카시아꽃은요
간밤에 고운 달빛
살며시 내려와
목화솜처럼 하이얀
꽃구름 되었나 봐요.

2021년 지하철 시민창작시 당선작
한국신지성협의회 36회 선정

장복순 /이슬 사랑꾼

Calligraphy Design by JARYEONG

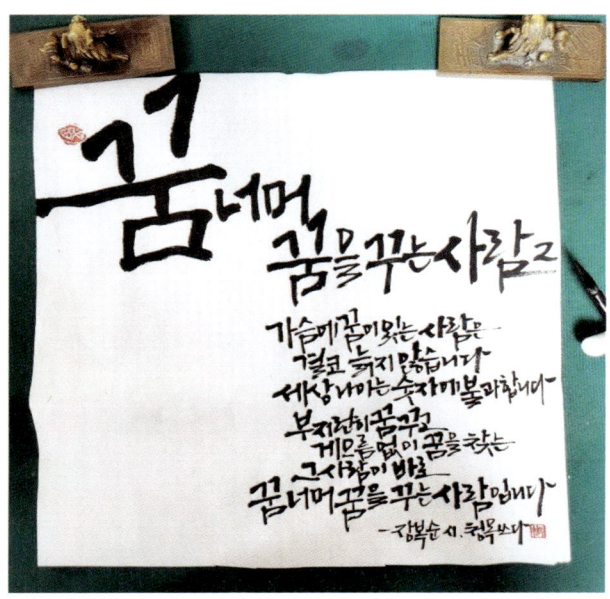

꽃피는 동행

하나밖에 없는 구름

하나밖에 없는
구름이
매 순간 다른 모습으로
날 찾아와
위로를 건넨다
어깨 살짝 대고
힘내라고
　　　　　　장복순

어제 들어도
가슴 설레는
말 있다면
너만을
사랑해

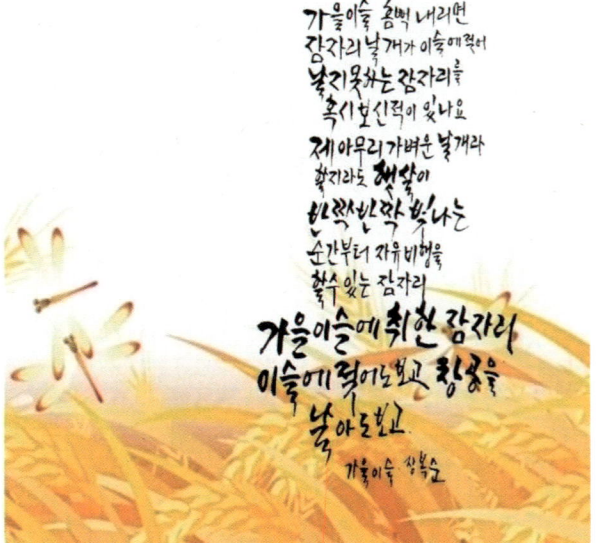

동행하는 그곳에 꽃이 핀다

늘상
언제나
그대는요
진달래함께
고운 빛으로만
긴 주막이틈에서
영롱한 빛을발했지
열 인처럼연처럼요
그대를향한사랑영원히
브라보원샷 러브카레일로
함께축배를들고싶었지요
은은한 단빛맛으며 향연배푸며
어울려더불어 어우러져 사랑하리
아름다운 나의사랑아 나만의그대여.

흑진주시인 장복순 '그대'

머루다래

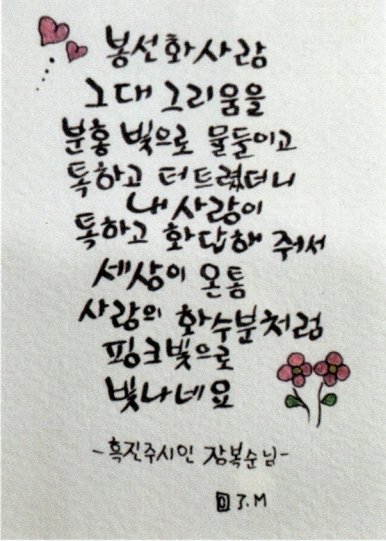

봉선화사랑
그대 그리움을
분홍 빛으로 물들이고
톡하고 터트렸더니
내 사랑이
톡하고 화답해 주셔
세상이 온통
사랑의 화수분처럼
핑크빛으로
빛나네요

-흑진주시인 장복순님

J.M

꽃피는 동행

동행하는 그곳에 꽃이 핀다

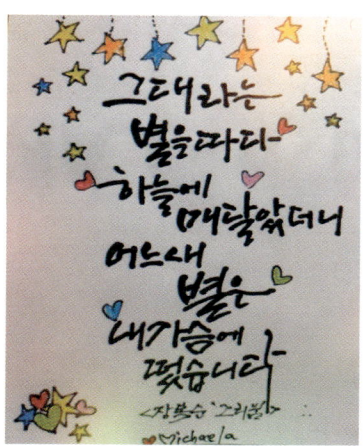

꽃피는 동행

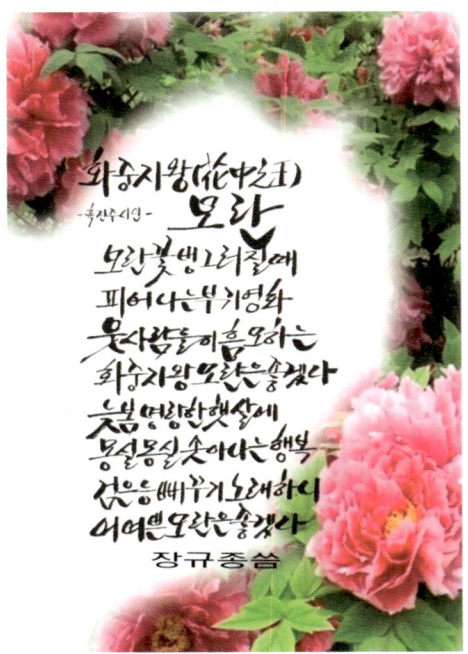

꽃피는 동행

모두가 그리움이더라
흑진주 시인 장복순

바람에 지는 꽃잎
만추에 지는 낙엽

가을 꼭 끌어안고
내 안에 그대 생각

아쉬워하는 그 마음
모두가 그리움이더라-

- 유영 안철수 쓰다

Calligraphy ⓒ 유영 안철수 All Rights Reserved

겨울비

꽃비도 아닌것이
눈물도 아닌것이
그대
그리운마음
내게 살포시
전하려고
설렘으로 오시는
겨울비

장복순/겨울비 中
형애쓰다

꽃피는 동행

호박꽃

자세히 보면 창에 비가 마음에
옹색함으로 더욱 더 예쁘다 하늘
에 별이 듯이은 넉넉한 황금빛
꽃이라 누가 못 생겼다고 하랴 박
을 준단 말인가 더나 더러 꽃은 언
데나 탐스럽고 예쁜 꽃이라

흑진주 장복심님의 시

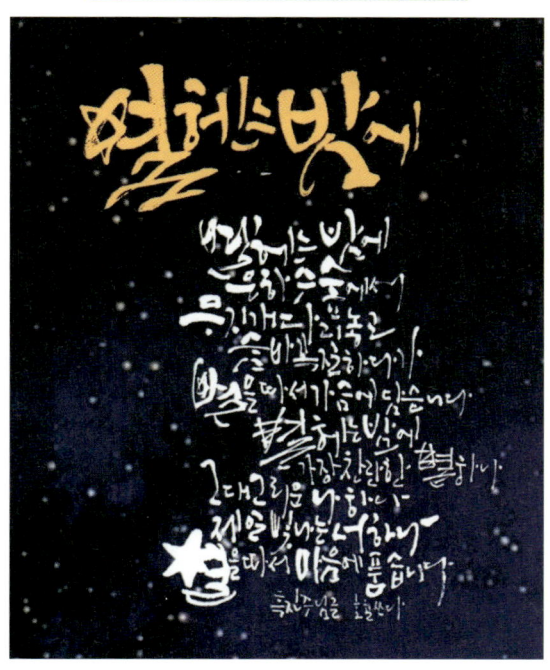

꽃피는 동행

동행하는 그곳에 꽃이 핀다

촉진주 시인 장복순
아버지와 호박꽃

어느 해인가 이른 봄
부지런하셨던 울 아버지는
광양 서천변 공터에
호박씨를 욕심껏 심으셨다

끝없이 펼쳐진 땅에서
움을 틔운 호박 줄기에
당최 힘든 줄도 모르시고
아침저녁으로 물을 주셨다

이마엔 땀방울이 마를새 없었고
삼베 적삼이 소금처럼 절었지만
7남매 자식들 먹일 욕심에
허리 한번 못 펴시고 일했다

석양에 노을이 물들면
아버지의 주름진 얼굴엔
호박꽃 닮은 함박웃음이 활짝
지금도 그 환한 웃음 눈에 선하다

이런 사람이 되고 싶습니다

<흑진주 시인 장복순>

늘
사계절 푸르른 상록수처럼
파란 마음으로 살아가는 사람
아침 이슬 머금은 영롱한 풀잎처럼
소박한 들꽃의 미소처럼
마음 밭이 풍요로운 사람
마음 속에 보물섬을 품고 사는
꽃보다 향기로운 사람이 되고 싶습니다

항상
광활한 밤하늘에
금강석을 뿌려놓은 별처럼
본색을 닳지 않으며 빛나는 사람
고운 달빛 그림자처럼
분홍빛 설레임으로 그리워 하며
찬란하게 빛나는 따사로운 햇살처럼
세상에 빛과 소금이 되고픈
사랑 냄새 나는 푸근한 사람이 되고 싶습니다

언제나
바쁘게 돌아가는 세상사에 휩싸이지 않고
늘 흐르듯 여유롭게
때로는 황소걸음을 걷는
마음이 넉넉하고 따뜻한 사람
웃는 얼굴 고운 마음씨로
가뭄에도 마르지 않는 옹달샘처럼
나, 그대에게 행복의 샘 같은 사람이 되고 싶습니다

나글조아캘리 쓰다

꽃피는 동행

동행하는 그곳에 꽃이 핀다

꽃피는 동행

동행하는 그곳에 꽃이 핀다

… 동행하는 그곳에 꽃이 핀다 …

동행하는 그곳에 꽃이 핀다

초판 1쇄 발행 | 2024년 10월 31일

지은이 | 장복순
펴낸곳 | 도서출판 **그린**
발행인 | 윤덕우
출판등록 | 제8-161호(1995. 5. 3.)
주 소 | 경기 파주시 가람로116번길 107 운정한강듀클래스 411호 (우) 10896
전 화 | 02) 333-2574, 2575
팩 스 | 02) 333-2561
E-mail | greenpress@greenpress.co.kr
Homepage | http://www.greenpress.co.kr

정가 | 16,000원
ISBN 978-89-5727-370-8 03810

※ 이 책의 저작권은 저자와 출판사에 있습니다.
　　저자 허락과 출판사 동의 없이 무단 전제 및 복제를 금합니다.
※ 파본은 구입하신 서점에서 교환해 드립니다.